Spanish-English Short Stories

Cuentos cortos en español e inglés

David Ocean

PRÓLOGO

Sumérgete en el fascinante mundo de las sagas y leyendas de América Latina y los Estados Unidos con este libro. Esta colección de dieciocho cuentos cortos, presentados en español e inglés, te lleva de viaje por el patrimonio cultural de América Latina y los Estados Unidos.

Cada uno de estos cuentos ofrece una perspectiva única de los tesoros históricos de sus países de origen. Tan polifacéticas como son América Latina y los Estados Unidos, también lo son las sagas y leyendas de este libro.

Al principio, conocerás la misteriosa historia de La Llorona, que causa estragos en las noches de niebla de México. El Cerro de los Siete Colores de los Andes te llevará a Argentina antes de explorar las praderas del oeste de los Estados Unidos con la historia de Pecos Bill.

Te espera esta fabulosa y a la vez educativa lectura con leyendas de Latinoamérica y los Estados Unidos.

FOREWORD

Immerse yourself in the fascinating world of sagas and legends from the Latin America and the USA with this book. This collection of eighteen short stories, presented in Spanish and English, takes you on a journey into the cultural heritage of Latin America and the USA.

Each of these short stories offers a unique perspective on the historical treasures of their countries of origin. As multifaceted as Latin America and the USA are, so too are the sagas and legends in this book.

At the beginning, you will get to know the mysterious story of La Llorona, that wreaks havoc in Mexico's foggy nights. The Hill of Seven Colors of the Andes will take you to Argentina before you will explore the prairies of the western USA with the tale of Pecos Bill.

This fabulous yet educational read with legends from Latin America and the USA awaits you.

CONTENIDO
CONTENT

CUENTOS CORTOS DE LATINOAMÉRICA
SHORT STORIES FROM LATIN AMERICA

CUENTOS CORTOS DE LOS EE.UU.
SHORT STORIES FROM THE USA

CUENTOS CORTOS DE LATINOAMÉRCIA

SHORT STORIES FROM LATIN AMERICA

LA LLORONA,
MÉXICO

En las noches envueltas en una oscuridad densa y una tranquilidad profunda, cuando todos duermen y únicamente se perciben los susurros de los pastores alentando a sus animales a avanzar con parsimonia, los campesinos comparten una historia que cobra vida a orillas del río, envuelta en misterio y desolación.

Según la leyenda que susurra entre los lugareños, una voz misteriosa se manifiesta en las proximidades del río. Se dice que pertenece a una mujer que llora y deambula por las orillas, buscando con desesperación algo que ha perdido para siempre. El llanto desgarrador de esta mujer atemoriza a los niños, quienes, con temor, escuchan la emotiva historia de una alma errante que habita en los campos, interrumpiendo el silencio de la noche con su lamento constante.

La protagonista de esta trágica narrativa era una campesina de espíritu sencillo, alguien que hallaba gozo en la conexión con la naturaleza y en la serenidad del campo. Cada amanecer, se levantaba con la tarea de recoger agua en jarras de barro junto al río, a menudo despertando a las vacas que descansaban plácidamente en su camino.

THE WEEPING WOMAN, MEXICO

On nights shrouded in thick darkness and profound tranquility, when everyone sleeps and only the whispers of shepherds urging their animals to move slowly can be heard, farmers share a story that comes to life along the river, wrapped in mystery and desolation.

According to the legend whispered among the locals, a mysterious voice manifests near the river. It is said to belong to a woman who weeps and wanders along the banks, desperately searching for something she has lost forever. The heartbreaking cries of this woman terrify the children, who listen in fear to the poignant tale of a wandering soul that inhabits the fields, interrupting the night's silence with her constant lament.

The protagonist of this tragic narrative was a peasant woman with a simple spirit, someone who found joy in the connection with nature and the serenity of the countryside. Every morning, she would rise to the task of fetching water in clay jugs along the river, often waking the cows that rested peacefully in her path.

Un día, su destino dio un giro inesperado cuando la familia de su patrón la llevó a la bulliciosa ciudad. Allí, seducida por el lujo y la elegancia de las jóvenes urbanas, comenzó a imitar los ciudadanos, transformando gradualmente su estilo de vida. Un tiempo después, embarazada, decide regresar a su hogar en el campo y da a luz a una niña. En un acto desgarrador, opta por abandonar a la pequeña en la corriente del río, marcando así el inicio de una tragedia que perseguiría su existencia.

La carga de esta acción tormentosa la sumerge en la locura, según cuentan los campesinos. La mujer, enloquecida por el remordimiento, se dice que vaga por las orillas de los ríos en busca de la hija que abandonó, consciente de que nunca la encontrará.

Desde entonces, los viajeros que atraviesan el bosque en las noches silenciosas pueden escuchar los lamentos de aves quejumbrosas en las orillas de los ríos. Se dice que es La Llorona, la madre afligida, en su eterna búsqueda de redención y la reconciliación perdida con su hija.

One day, her fate took an unexpected turn when her employer's family took her to the bustling city. There, seduced by the luxury and elegance of the urban young women, she began to imitate the townsfolk, gradually transforming her lifestyle. After some time, pregnant, she decided to return home to the countryside and gave birth to a girl. In a heart-wrenching act, she chose to abandon the little one in the river's current, marking the beginning of a tragedy that would haunt her existence.

The weight of this tormenting act plunged her into madness, according to the farmers' accounts. The woman, driven mad by remorse, is said to wander the riverbanks in search of the daughter she abandoned, knowing full well that she would never find her.

Since then, travelers who traverse the forest on silent nights may hear the laments of wailing birds along the riverbanks. It is said to be La Llorona, the grief-stricken mother in her eternal search for redemption and the lost reconciliation with her daughter.

EL BEBÉ DEL DIENTE LARGO, CUBA

Hace muchos años, en una tarde de calor sofocante, un valiente campesino regresaba a casa después de una extenuante jornada en los campos. El sol descendía en el horizonte, dejando tras de sí un manto de colores cálidos. Sin embargo, el cielo amenazaba con cambiar su tono a medida que las nubes oscuras se congregaban, anticipando una tormenta inminente.

Mientras avanzaba entre los senderos del bosque, la naturaleza parecía susurrar secretos ancestrales. Los árboles centenarios susurraban historias olvidadas y las aves contaban leyendas al compás del viento. Fue entonces cuando un llanto quebró la armonía de la naturaleza. Un llanto de un recién nacido resonó entre las hojas y las sombras.

El campesino, intrigado y movido por la compasión, siguió el lamento hasta llegar a un claro donde una luz tenue iluminaba un bulto entre la maleza. Al acercarse, descubrió un pequeño bebé envuelto en jirones, llorando con fuerza. Sin titubear, el campesino recogió al bebé en sus brazos, jurando protegerlo de la tormenta que se avecinaba.

El cielo rugía con truenos y destellos de relámpagos mientras el campesino sostenía al bebé. Pero su caballo, normalmente sereno, se mostró inusualmente inquieto. El campesino atribuyó el nerviosismo de su caballo a la inminente tormenta, pero logró calmar al animal y continuó su camino.

THE BABY WITH THE LONG TOOTH, CUBA

Many years ago, on a sweltering afternoon, a brave peasant was returning home after an exhausting day in the fields. The sun was setting on the horizon, leaving behind a blanket of warm colors. However, the sky threatened to change its hue as dark clouds gathered, foreshadowing an impending storm.

As he walked along the forest paths, nature seemed to whisper ancient secrets. The centuries-old trees shared forgotten tales, and the birds told legends in tune with the wind. It was then that a cry shattered the harmony of nature – a cry of a newborn echoed among the leaves and shadows.

Intrigued and moved by compassion, the peasant followed the lament until he reached a clearing where a faint light illuminated a bundle among the underbrush. As he approached, he discovered a small baby wrapped in rags, crying fiercely. Without hesitation, the peasant took the baby in his arms, vowing to protect it from the coming storm.

The sky roared with thunder and flashes of lightning as the peasant held the baby. But his normally calm horse grew unusually restless. The peasant attributed his horse's nervousness to the approaching storm but managed to calm the animal and continued on his way.

El bebé, aún envuelto en los brazos del campesino, dejó de llorar de repente. La quietud desconcertó al campesino, deteniendo su caballo cerca de un río. Al destapar el rostro del bebé, se encontró con una visión aterradora. Un diente afilado sobresalía de su boca, y con una voz que parecía provenir de lo más profundo, el bebé preguntó: "¿Ya puedo comer?".

Sobresaltado, el campesino lanzó al bebé demoníaco lejos de él. En ese instante, un relámpago iluminó el cielo y su caballo lo arrojó a la orilla del río. Aturdido, pero decidido, el campesino se levantó y, con el miedo aún palpitante en su corazón, volvió a montar en su caballo. Cabalgó como si la mismísima sombra del diablo lo persiguiera, sin atreverse a mirar atrás.

Al llegar a su hogar, el campesino compartió la espeluznante experiencia con su familia y vecinos. Desde ese día, la leyenda del Bebé del Diente Largo se extendió como el humo de un tabaco añejo. Los intrépidos exploradores se aventuran en el bosque, asegurando haber vislumbrado la figura temida, un ser que desafía los límites entre lo real y lo sobrenatural.

Y así, entre el susurro de las palmas y las melodías del son cubano, la leyenda del Bebé del Diente Largo sigue viva, tejida en los hilos de la rica tradición cubana, recordando a todos que en la oscuridad del bosque, los secretos más oscuros aguardan.

Suddenly, the baby, still cradled in the peasant's arms, stopped crying. The stillness puzzled the peasant, prompting him to stop his horse near a river. When he uncovered the baby's face, he was met with a terrifying sight. A long, sharp tooth protruded from its mouth, and with a voice that seemed to come from the depths, the baby asked, "Can I eat now?"

Startled, the peasant hurled the demonic baby away from him. In that instant, a bolt of lightning lit up the sky, and his horse threw him to the riverbank. Dazed but determined, the peasant stood up, his heart still pounding with fear, and climbed back onto his horse. He rode as if the very shadow of the devil was chasing him, not daring to look back.

When he reached home, the peasant shared his horrifying experience with his family and neighbors. From that day forward, the legend of the Baby with the Long Tooth spread like the smoke of an aged cigar. Intrepid explorers ventured into the forest, claiming to have caught sight of the feared figure, a being that defies the boundaries between the real and the supernatural.

And so, amidst the whispers of the palms and the melodies of the Cuban son, the legend of the Baby with the Long Tooth remains alive, woven into the threads of rich Cuban tradition, reminding all that in the darkness of the forest, the darkest secrets await.

EL SACERDOTE SIN CABEZA, COSTA RICA

Hace muchos años, en una comunidad sencilla y humilde, las festividades cívicas y religiosas eran motivo de gran entusiasmo. Dos eventos destacaban en el calendario, marcando momentos cruciales para la comunidad: el aniversario del golpe de cuartel del General Don Tomás Guardia y el Día de la Independencia, celebrado el 15 de septiembre, que simbolizaba la emancipación de España.

Juan Rafael Reyes, un hombre alegre y trabajador, nunca se perdía estas festividades. A pesar de sus arduos esfuerzos durante el año para mantener a su familia, siempre encontraba tiempo para celebrar estos eventos. Su familia le perdonaba sus excesos, ya que Juan siempre regresaba a casa con suficiente comida y suministros para el hogar.

En uno de esos Días de la Independencia, Juan Rafael Reyes se dirigió a la ciudad para celebrar, disfrutando de la compañía de amigos y entregándose a la alegría de la festividad y bebiendo licor. Al regresar a casa en plena madrugada, se topó con una ermita misteriosa que no recordaba haber visto antes. La curiosidad lo llevó a entrar, pero al hacerlo, se encontró con una visión aterradora: el sacerdote no tenía cabeza. Este espectáculo tan perturbador lo hizo huir despavorido, con el corazón latiendo con fuerza en su pecho.

THE HEADLESS PRIEST, COSTA RICA

Many years ago, in a simple and humble community, civic and religious festivities were a reason for great enthusiasm. Two events stood out on the calendar, marking crucial moments for the community: the anniversary of General Don Tomás Guardia's coup and Independence Day celebrated on September 15, symbolizing emancipation from Spain.

Juan Rafael Reyes, a cheerful and hardworking man, never missed these festivities. Despite his hard work throughout the year to provide for his family, he always found time to celebrate these events. His family forgave his excesses, as Juan always returned home with enough food and supplies for the household.

On one of those Independence Days, Juan Rafael Reyes went to the city to celebrate, enjoying the company of friends and indulging in the joy of the festivities while drinking liquor. Upon returning home in the early hours of the morning, he stumbled upon a mysterious chapel that he did not remember seeing before. Curiosity led him to enter, but upon doing so, he encountered a terrifying sight: the priest had no head. This disturbing spectacle made him flee in terror, his heart pounding in his chest.

Carreteros que transitaban por el camino encontraron a Juan Rafael Reyes inconsciente y lo llevaron de vuelta a su hogar. Sin embargo, su salud y pronunciación se vieron afectadas de manera significativa. La experiencia en la ermita misteriosa dejó una marca indeleble en su vida, afectando tanto su bienestar físico como emocional. A partir de ese día, Juan se volvió más reservado y reflexivo, llevando consigo el recuerdo inquietante de aquella noche. La comunidad, por su parte, especulaba sobre la conexión entre la experiencia de Juan y la extraña ermita, tejiendo leyendas que perdurarían en las festividades por generaciones.

Travelers passing along the road found Juan Rafael Reyes unconscious and took him back home. However, his health and speech were significantly affected. The experience in the mysterious chapel left an indelible mark on his life, impacting both his physical and emotional well-being. From that day on, Juan became more reserved and reflective, carrying with him the unsettling memory of that night. The community, in turn, speculated about the connection between Juan's experience and the strange chapel, weaving legends that would endure in the festivities for generations.

LA PATA SOLA, COLOMBIA

Hace mucho tiempo, en una región llamada Tolima Grande, vivía un campesino con su hermosa esposa y sus tres hijos en una parcela que alquilaban.

Un día, el dueño de una gran hacienda tenía deseos de tener una relación secreta con una joven. Para lograrlo, le pidió a uno de sus vaqueros de confianza que encontrara a la mujer más bonita entre las lavanderas de la zona y le proporcionara detalles sobre ella.

El vaquero cumplió su tarea y describió a la esposa de un amigo como la mujer más joven y hermosa. Cuando llegó el momento de las festividades conocidas como "vaquerías", el esposo de la mujer se quejó de que ella había cambiado, volviéndose distante y fría. Compartió sus preocupaciones con un amigo vaquero, quien le informó sobre el interés del patrón en su esposa, aclarándole que él no tenía nada que ver con el asunto.

Agradecido por la sinceridad de su amigo, el esposo decidió idear una prueba. Le dijo a su esposa que tenía que ir al pueblo a recoger correspondencia y que no regresaría esa noche. Luego, se escondió para observarla.

ONE-FOOT,
COLOMBIA

A long time ago, in a region called Tolima Grande, a peasant lived with his beautiful wife and three children on a plot of land they rented.

One day, the owner of a large estate desired to have a secret affair with a young woman. To achieve this, he asked one of his trusted cowboys to find the most beautiful woman among the washerwomen in the area and provide him with details about her.

The cowboy completed his task and described the wife of a friend as the youngest and most beautiful woman. When the time for the festivities known as "vaquerías" arrived, the woman's husband complained that she had changed, becoming distant and cold. He shared his concerns with a cowboy friend, who informed him about the boss's interest in his wife, clarifying that he had nothing to do with the matter.

Grateful for his friend's honesty, the husband decided to devise a test. He told his wife that he needed to go to town to pick up some correspondence and that he wouldn't return that night. Then he hid to observe her.

Esa noche, la esposa se dirigió a la hacienda en busca del patrón. El esposo, al ver esto, regresó a su casa y la encontró llegando muy tarde. Le preguntó de dónde venía y ella explicó que había estado lavando ropa. El esposo encontró extraño que estuviera lavando ropa de noche.

Algunos días después, el esposo ideó otro viaje falso y se escondió para observarla. Esta vez, la esposa no salió, pero el patrón la visitó. Cuando llegó, ella lo recibió con entusiasmo. El esposo, furioso, atacó al patrón con un machete, decapitándolo de un solo golpe. La esposa intentó escapar, pero el esposo la hirió gravemente. El patrón y ella murieron casi al mismo tiempo.

La gente del pueblo cuenta que ha visto el espíritu de la esposa infiel, saltando en una sola pierna por las montañas y valles, derramando sangre y emitiendo aterradores gritos. La pierna sola representa el alma en pena de la mujer que deshonró a su familia y no respetó a su esposo.

That night, the wife headed to the estate in search of the boss. When the husband saw this, he returned home and found her arriving very late. He asked where she had been, and she explained that she had been washing clothes. The husband found it strange that she was washing clothes at night.

A few days later, the husband devised another false trip and hid to observe her. This time, the wife did not leave, but the boss came to visit her. When he arrived, she welcomed him enthusiastically. The husband, furious, attacked the boss with a machete, decapitating him in one swift blow. The wife tried to escape, but the husband severely injured her. The boss and she died almost simultaneously.

People in the village claim to have seen the spirit of the unfaithful wife hopping on one leg through the mountains and valleys, shedding blood and emitting terrifying screams. The one leg represents the lost soul of the woman who dishonored her family and disrespected her husband.

EL AYAYMAMA,
PERÚ

Hace mucho tiempo, en una comunidad nativa de la selva, una enfermedad estaba afectando gravemente a la gente. Una madre de dos niños comenzó a mostrar los primeros síntomas de la enfermedad, por lo que decidió llevar a sus hijos lejos de la epidemia para protegerlos.

Los llevó a un lugar remoto en la selva, donde encontraron una hermosa quebrada con peces y árboles frutales, y decidió dejarlos allí. Con gran tristeza, los abandonó, sabiendo que no los volvería a ver.

Los niños jugaron, comieron frutas y se bañaron en la quebrada, pero a medida que avanzaba la noche, comenzaron a extrañar a su madre.

Fue entonces cuando decidieron buscarla. Caminaron durante horas, sin darse cuenta de que estaban dando vueltas en círculos en la selva, perdidos y asustados. Se lamentaron en silencio, deseando ser aves para volar y encontrar a su mamá.

La luna, con compasión, descendió para ayudarlos. Los niños la miraron y ella comprendió su deseo. La luna los transformó en dos hermosas aves que se mimetizaron con los árboles en los que se posaron.

Los niños volaron, pero cuando finalmente regresaron a su pueblo, encontraron que ya no quedaba nadie vivo. Todos habían sucumbido a la enfermedad, incluyendo a su madre.

THE AYAYMAMA,
PERU

A long time ago, in a native community of the jungle, a disease was severely affecting the people. A mother of two children began to show the first symptoms of the illness, so she decided to take her children away from the epidemic to protect them.

She took them to a remote place in the jungle where they found a beautiful stream with fish and fruit trees and decided to leave them there. With great sadness, she abandoned them, knowing she would never see them again.

The children played, ate fruits, and bathed in the stream, but as night fell, they began to miss their mother.

It was then that they decided to look for her. They walked for hours, not realizing they were going in circles in the jungle, lost and scared. They lamented in silence, wishing to be birds so they could fly and find their mother.

The moon, with compassion, descended to help them. The children looked up, and she understood their wish. The moon transformed them into two beautiful birds that blended in with the trees where they perched.

The children flew, but when they finally returned to their village, they found that no one was alive anymore. Everyone had succumbed to the disease, including their mother.

Llenos de tristeza, las aves, ahora conocidas como "Ayay-mama", volaron de nuevo. Desde entonces, su canto me-lancólico, "ayaymama..ayaymama...", se escucha en la selva, recordando a todos que deben regresar a casa temprano y cuidar de sus seres queridos para evitar la tristeza y la pérdi-da que ellos experimentaron.

Filled with sadness, the birds, now known as "Ayaymama," flew away again. Since then, their melancholic song "ayaymama… ayaymama…" can be heard in the jungle, reminding everyone to return home early and take care of their loved ones to avoid the sorrow and loss they experienced.

EL TIO DE LA MINA, BOLIVIA

Hace mucho tiempo, en las altas montañas de Potosí, la gente contaba una historia emocionante sobre un amigo especial de los mineros llamado "El Tío". Decían que El Tío vivía debajo de la tierra, en las minas, y que era un guardián que cuidaba de las cosas valiosas que se encontraban allí, como la plata.

Dicen que El Tío tenía cuernos en su cabeza y ojos que brillan en la oscuridad de la mina. No era malo, solo un poco burlón. Su comportamiento dependía de cómo trataban los mineros a la tierra y a él.

Los mineros, antes de empezar su trabajo difícil, le hacían regalos a El Tío. Ponían cigarrillos, una bebida llamada aguardiente y hojas de coca en pequeños altares hechos en las rocas. Era como decir "gracias" y "por favor" a su amigo antes de comenzar la jornada de trabajo.

Los mineros, que eran amables con El Tío y le mostraban respeto, a veces veían su sombra imponente en la oscuridad de la mina. No daba miedo; más bien, les daba una sensación de seguridad. Parecía que El Tío los estaba cuidando en su viaje bajo tierra.

THE UNCLE OF THE MINE, BOLIVIA

A long time ago, in the high mountains of Potosí, people told an exciting story about a special friend of the miners known as "El Tío." They said that El Tío lived underground in the mines and was a guardian who watched over the precious things found there, such as silver.

It is said that El Tío had horns on his head and eyes that shone in the darkness of the mine. He was not evil, just a bit mischievous. His behavior depended on how the miners treated the land and him.

Before starting their hard work, the miners would make offerings to El Tío. They would place cigarettes, a drink called aguardiente, and coca leaves on small altars made of rocks. It was like saying "thank you" and "please" to their friend before beginning their day's labor.

Miners who were kind to El Tío and showed him respect would sometimes catch a glimpse of his imposing shadow in the darkness of the mine. He was not frightening; instead, he gave them a sense of security. It seemed that El Tío was watching over them on their journey underground.

Pero, si algunos mineros no eran respetuosos, El Tío podía ponerse un poco enojado. Se contaban historias de susurros extraños y sombras que asustaban a los mineros que no mostraban respeto. Aquellos que desafiaban a El Tío podían tener problemas, como derrumbes o accidentes. Era una manera de recordarles a todos que debían ser buenos amigos con el guardián de las profundidades.

Con el tiempo, la figura de El Tío se convirtió en una parte importante de la vida de los mineros. Las estatuillas hechas a su imagen se volvieron amuletos especiales que los mineros llevaban consigo como portadores de la suerte. Las tradiciones de hacer regalos y mostrar respeto continuaron, siendo transmitidas de generación a generación.

En las fiestas, la comunidad entera se reunía para celebrar a El Tío. La gente bailaba, hacía ofrendas y realizaba ceremonias especiales para recordar que estaban todos conectados a la tierra y a ese amigo misterioso que los cuidaba desde las profundidades de la montaña.

But if some miners were disrespectful, El Tío could become a bit angry. There were tales of strange whispers and shadows that frightened miners who did not show respect. Those who challenged El Tío could face problems like cave-ins or accidents. It was a way of reminding everyone that they should be good friends with the guardian of the depths.

Over time, the figure of El Tío became an important part of miners' lives. Statues made in his likeness became special talismans that miners carried with them as bearers of luck. The traditions of making offerings and showing respect continued to be passed down from generation to generation.

During the festivals, the entire community would gather to celebrate El Tío. People danced, made offerings, and performed special ceremonies to remember that they were all connected to the land and to that mysterious friend who cared for them from the depths of the mountain.

LA LAGUNA DEL INCA,
CHILE

Hace mucho tiempo, en una época antes de que los españoles llegaran a estas tierras, los Incas habían expandido sus territorios hasta las orillas del río Maule. Para ellos, las montañas de los Andes eran lugares sagrados donde realizaban sus rituales religiosos. El príncipe inca llamado Illi Yupanqui estaba profundamente enamorado de una princesa llamada Kora-llé, considerada la mujer más hermosa de la región.

Decidieron casarse en una cumbre cercana a una hermosa laguna, rodeados por el majestuoso paisaje natural de las montañas. Sin embargo, en este día tan especial, Kora-llé tuvo que enfrentar un peligroso descenso por un estrecho sendero. El viento frío la empujó hacia el abismo, y su muerte fue inevitable. A pesar de sus esfuerzos, Illi Yupanqui llegó demasiado tarde para salvarla, y la tristeza lo embargó.

Para honrar a su amada, Illi Yupanqui decidió que el cuerpo de Kora-llé fuera depositado con cuidado en las profundidades de la laguna. Cuando el cuerpo de la princesa tocó el agua, esta adquirió un color esmeralda, igual al de los ojos de Kora-llé, asombrando a todos los presentes. Desde ese día, la laguna del Inca quedó encantada.

THE INCA LAGOON, CHILE

A long time ago, in a time before the Spanish arrived in these lands, the Incas had expanded their territories to the banks of the Maule River. For them, the Andes mountains were sacred places where they performed their religious rituals. The Inca prince named Illi Yupanqui was deeply in love with a princess named Kora-llé, considered the most beautiful woman in the region.

They decided to marry on a peak near a beautiful lagoon, surrounded by the majestic natural landscape of the mountains. However, on this very special day, Kora-llé had to face a dangerous descent down a narrow path. The cold wind pushed her toward the abyss, and her death was inevitable. Despite his efforts, Illi Yupanqui arrived too late to save her, and sadness overwhelmed him.

To honor his beloved, Illi Yupanqui decided that Kora-llé's body would be carefully laid to rest in the depths of the lagoon. When the princess's body touched the water, it turned an emerald color, matching Kora-llé's eyes, stunning everyone present. From that day forward, the Inca Lagoon became enchanted.

Cuentan las leyendas que en algunas noches de luna llena, el alma de Illi Yupanqui vaga solitariamente y tristemente sobre la superficie de la laguna, iluminada por el color esmeralda de los eternos ojos de Kora-llé, esperando a su amada. La laguna guarda la historia de su amor y la tragedia que los separó.

Legends say that on some full moon nights, the soul of Illi Yupanqui wanders sadly and alone over the surface of the lagoon, illuminated by the emerald hue of Kora-llé's eternal eyes, waiting for his beloved. The lagoon holds the story of their love and the tragedy that separated them.

EL CERRO DE LOS SIETE COLORES, ARGENTINA

Hace mucho tiempo, en los albores de la comunidad de Purmamarca, en el mágico noroeste argentino, los majestuosos cerros que abrazaban este pueblo no conocían los colores. Eran como cualquier otro monte en el mundo, grises y desprovistos de vida. Sin embargo, esta monotonía no era suficiente para los niños y adolescentes de Purmamarca.

Inquietos por la falta de belleza en sus alrededores, los jóvenes recurrieron a los sabios del pueblo, para solicitar su consejo. Pero los ancianos, sin entender cómo enfrentar tal desafío, optaron por dejar los cerros tal como estaban, convencidos de que los niños se acostumbrarían a la tristeza de aquellos montes grises, como ellos mismos lo habían hecho en su juventud.

Sin embargo, los jóvenes rechazaron a resignarse y se reunieron en secreto. Decidieron tomar el destino en sus propias manos. Recolectaron colores de donde pudieron encontrarlos y, cada noche, salían sigilosamente de sus camas para ascender a las alturas de los cerros. Repitieron este ritual durante siete noches consecutivas. Aunque habían advertido a sus padres sobre su noble tarea de pintar los cerros, estos últimos no les creyeron, pensando que solo estaban jugando.

THE HILL OF SEVEN COLORS, ARGENTINA

A long time ago, in the dawn of the community of Purmamarca in the magical northwest of Argentina, the majestic hills that embraced this village knew no colors. They were like any other mountains in the world: gray and devoid of life. However, this monotony was not enough for the children and teenagers of Purmamarca.

Restless due to the lack of beauty in their surroundings, the young people turned to the wise elders of the village to seek their counsel. But the elders, not knowing how to confront such a challenge, opted to leave the hills as they were, convinced that the children would grow accustomed to the sadness of those gray mountains, just as they had in their youth.

However, the youth refused to resign themselves and secretly gathered. They decided to take destiny into their own hands. They collected colors from wherever they could find them, and every night they quietly left their beds to ascend to the heights of the hills. They repeated this ritual for seven consecutive nights. Although they had warned their parents about their noble task of painting the hills, the latter did not believe them, thinking they were just playing.

Pero los jóvenes persistieron en su encomienda hasta que los cerros adquirieron los colores que ansiaban, y finalmente, los montes les parecieron perfectos en su esplendor cromático.

Después de siete noches, los adultos despertaron y notaron la ausencia de sus hijos en sus camas, lo que sembró inquietud. Desesperados, decidieron emprender una búsqueda frenética en todo el pueblo, pero los niños habían desaparecido por completo. No había rastro de ellos. Cuando ya no sabían dónde más buscar, recordaron las palabras de los jóvenes. Todos se dirigieron hacia la iglesia del pueblo y, al alzar la mirada hacia los cerros, sus corazones se llenaron de asombro y alegría desbordante. No podían dar crédito a lo que contemplaban: los cerros lucían siete colores distintos, y descendiendo de las alturas se encontraban todos los jóvenes del pueblo, cubiertos de pintura, corriendo, riendo y desbordando felicidad.

Desde aquel día, en Purmamarca, se celebra anualmente el Día de los Siete Colores, y los cerros que custodian la localidad lucen ahora una paleta de siete tonos, recordando siempre la valentía y el espíritu indomable de sus queridos niños.

But the youth persisted in their mission until the hills acquired the colors they longed for, and finally, the mountains appeared perfect in their chromatic splendor.

After seven nights, the adults awoke and noticed the absence of their children in their beds, which caused great concern. Desperate, they decided to embark on a frantic search throughout the village, but the children had completely disappeared. There was no trace of them. When they no longer knew where else to look, they remembered the words of the youths. Everyone headed towards the village church, and upon looking up at the hills, their hearts filled with awe and overflowing joy. They could not believe their eyes: the hills displayed seven distinct colors, and descending from the heights were all the village children, covered in paint, running, laughing, and overflowing with happiness.

From that day on, Purmamarca celebrates the Day of the Seven Colors annually, and the hills that guard the town now showcase a palette of seven shades, always reminding everyone of the courage and indomitable spirit of their beloved children.

YERBA MATE, URUGUAY

En los albores del tiempo, la vastedad verde de lo que hoy conocemos como Uruguay floreció una leyenda única. Proviene de los mismos dioses de la selva que velaban por la armonía entre el hombre y la naturaleza.

Esta narrativa mística, compartida entre las tribus indígenas guaraníes y tupíes, se tejía alrededor de la Yerba Mate, un regalo divino destinado a estrechar los lazos entre los mortales y los dioses de la tierra. En aquellos tiempos, donde la conexión entre los seres humanos y la tierra era considerada imprescindible, los dioses decidieron obsequiar a los nativos una planta sagrada.

Un joven indígena llamado Ka'a fue elegido como el guardián de esta bendición verde. Su nombre significa *hierba* en la lengua indígena y hace referencia a la conexión espiritual que crearía con la Yerba Mate.

Con instrucciones divinas, Ka'a recibió la planta para cultivarla y prepararla. La Yerba Mate no solo ofrecía energía física, sino que también actuaba como un vínculo hacia la unión espiritual. Ka'a se convirtió en el guía espiritual de su tribu, compartiendo los secretos de la Yerba Mate en ceremonias especiales que fortalecían los vínculos comunitarios y elevaban la esencia de la tribu.

YERBA MATE, URUGUAY

In the dawn of time, the vast green expanse of what we now know as Uruguay flourished a unique legend. It originated from the very gods of the jungle who watched over the harmony between man and nature.

This mystical narrative shared among the indigenous Guaraní and Tupi tribes revolved around Yerba Mate, a divine gift meant to strengthen the bonds between mortals and the gods of the earth. In those times, when the connection between humans and the land was considered essential, the gods decided to bestow upon the natives a sacred plant.

A young indigenous man named Ka'a was chosen as the guardian of this green blessing. His name means *herb* in the indigenous language and refers to the spiritual connection he would create with the Yerba Mate.

With divine instructions, Ka'a received the plant to cultivate and prepare it. Yerba Mate not only provided physical energy but also acted as a link to spiritual unity. Ka'a became the spiritual guide of his tribe, sharing the secrets of Yerba Mate in special ceremonies that strengthened community bonds and elevated the essence of the tribe.

En este relato mágico, la Yerba Mate no era simplemente una bebida; era un portal que conectaba el plano terrenal con el espiritual. La gente la compartía en rituales sagrados, estableciendo un diálogo directo con los dioses de la naturaleza.

Ka'a, a quien los dioses le otorgaron el don de la sanación, se convirtió en una figura venerada dentro de su tribu. Se le atribuía la habilidad de curar a través de infusiones de Yerba Mate, proporcionando salud y bienestar a su comunidad.

En el transcurso del tiempo, la Yerba Mate se arraigó profundamente en la cultura uruguaya. Más que una simple bebida, se convirtió en un símbolo de unidad y amistad que trasciende las generaciones. La leyenda de Ka'a y la Yerba Mate persiste en la brisa que susurra entre los árboles. Hoy en día, la ceremonia compartida del mate, resuena en todo Uruguay.

En las noches estrelladas, la población recuerda a Ka'a y la planta sagrada. La Yerba Mate es más que una simple hierba, es el hilo que teje la historia de un pueblo, recordándoles que, con cada sorbo, beben la esencia misma de su conexión con la tierra, los dioses y la memoria del joven guardián de la Yerba Mate.

Cada mate compartido es un tributo a la tradición ancestral y un recordatorio de la sabiduría divina que fluye a través de la Yerba Mate. La Yerba Mate conecta a las generaciones pasadas, presentes y futuras en un tejido indestructible de herencia cultural y espiritualidad.

In this magical tale, Yerba Mate was not merely a beverage; it was a portal connecting the earthly plane with the spiritual one. People shared it in sacred rituals, establishing a direct dialogue with the gods of nature.

Ka'a, to whom the gods granted the gift of healing, became a revered figure within his tribe. He was believed to have the ability to cure through infusions of Yerba Mate, providing health and well-being to his community.

Over time, Yerba Mate became deeply rooted in Uruguayan culture. More than just a drink, it became a symbol of unity and friendship that transcended generations. The legend of Ka'a and Yerba Mate persists in the breeze that whispers among the trees. Today, the shared ceremony of mate resonates throughout Uruguay.

On starry nights, the people remember Ka'a and the sacred plant. Yerba Mate is more than just an herb; it is the thread that weaves the history of a people, reminding them that with every sip, they drink the very essence of their connection to the land, the gods, and the memory of the young guardian of Yerba Mate.

Each shared mate is a tribute to the ancestral tradition and a reminder of the divine wisdom that flows through the Yerba Mate. Yerba Mate connects past, present, and future generations in an indestructible fabric of cultural heritage and spirituality.

CUENTOS CORTOS DE LOS EE.UU.

SHORT STORIES FROM THE USA

PABLO BUNYAN Y BABE EL BUEY AZUL

Había una vez, en las vastas y salvajes tierras de Norteamérica, un gigante leñador llamado Pablo Bunyan. Pablo no era un hombre común; su altura superaba los árboles más altos y poseía la fuerza de cien hombres. Su corazón era tan inmenso como su estatura, y su risa resonaba por los bosques como un rugido poderoso.

La extraordinaria vida de Pablo comenzó con su nacimiento, un evento monumental durante la tormenta de nieve más grande que el país jamás había visto. Sus primeros llantos asustaron a una manada de lobos, y sus huellas en la nieve eran tan profundas que crearon lagos cuando la nieve se derritió.

A medida que crecía, Pablo se hizo famoso por sus increíbles hazañas. Podía talar bosques enteros con un solo golpe de su gigantesca hacha, y sus pisadas creaban valles y ríos dondequiera que caminaba. Pero el compañero más famoso de Pablo era su enorme buey azul, Babe. Pablo encontró a Babe durante uno de los inviernos más fríos, cuando la nieve era tan profunda que atrapó al gran buey azul. Pablo acogió a Babe, y se volvieron amigos inseparables.

PAUL BUNYAN AND BABE THE BLUE OX

Once upon a time, in the vast and untamed wilderness of North America, there lived a giant lumberjack named Paul Bunyan. Paul was no ordinary man; he towered above the tallest trees and possessed the strength of a hundred men. His heart was as immense as his stature, and his laugh echoed through the forests like a mighty roar.

Paul's extraordinary life began with his birth, a momentous event during the biggest blizzard the country had ever seen. His first cries scared off a herd of wolves, and his footprints in the snow were so deep that they created lakes when the snow melted.

As he grew, Paul became renowned for his incredible feats. He could clear entire forests with a single swing of his gigantic axe, and his footprints created valleys and rivers wherever he walked. But Paul's most famous companion was his enormous blue ox, Babe. Paul found Babe during one of the coldest winters when the snow was so deep it trapped the great blue ox. Paul took Babe in, and they became inseparable friends.

Juntos, Pablo y Babe viajaron por todo el país, moldeando el paisaje con su colosal tamaño y fuerza. Un día, mientras vagaban por el bosque, Pablo notó un enorme pino que se erguía solo. Decidió talarlo para ver qué había al otro lado. Con un poderoso golpe de su hacha, el árbol cayó, revelando una hermosa llanura interminable que se extendía hasta donde alcanzaba la vista.

Pablo y Babe continuaron su viaje, enfrentándose a desafíos que solo ellos podían conquistar. En las Grandes Llanuras, encontraron una enorme roca que bloqueaba el camino. Con un solo empujón, Pablo levantó la roca y la lanzó a un lado, creando las Montañas Rocosas. Mientras cruzaban las montañas, Pablo notó que Babe luchaba por cruzar el terreno accidentado. Para facilitar el paso a su amigo, Pablo aplanó la tierra con sus manos, formando las colinas onduladas y las llanuras suaves del Medio Oeste.

Un caluroso día de verano, Pablo y Babe se encontraron en un denso bosque donde los árboles eran tan altos que parecían tocar el cielo. El calor era insoportable y los árboles eran tan espesos que no permitían que el viento pasara. Pablo decidió hacer algo al respecto. Giró su hacha en un gran círculo, despejando un camino que permitió que el viento soplara. Ese camino se conoció como las Grandes Llanuras, donde el viento aún silba entre los pastizales hasta el día de hoy.

Together, Paul and Babe traveled across the country, shaping the landscape with their colossal size and strength. One day, as they were wandering through the woods, Paul noticed a massive pine tree standing alone. He decided to chop it down to see what was on the other side. With a mighty swing of his axe, the tree fell, revealing a beautiful, endless plain that stretched as far as the eye could see.

Paul and Babe continued their journey, encountering challenges that only they could conquer. In the Great Plains, they encountered an enormous boulder blocking the path. With a single heave, Paul lifted the boulder and tossed it aside, creating the Rocky Mountains. As they trekked through the mountains, Paul noticed Babe struggling to cross the rugged terrain. To make it easier for his friend, Paul flattened the land with his hands, forming the rolling hills and smooth plains of the Midwest.

One scorching summer day, Paul and Babe found themselves in a dense forest where the trees were so tall they seemed to touch the sky. The heat was unbearable, and the trees were so thick that no breeze could pass through. Paul decided to do something about it. He swung his axe in a great circle, clearing a path that allowed the wind to blow through. This path became known as the Great Plains, where the wind still whistles through the grasslands to this day.

Con el paso de los años, la historia de Pablo creció. La gente hablaba de sus poderosas hazañas y de los lugares que había moldeado. El Gran Cañón, decían, se formó cuando Pablo arrastró su hacha detrás de él en un día particularmente agotador. Los Grandes Lagos se crearon cuando las huellas de Pablo y Babe se llenaron de agua. Incluso se decía que el poderoso río Misisipi fue tallado por Pablo cuando arrastró un palo por el suelo para crear una vía fluvial para sus balsas de troncos.

A pesar de su increíble fuerza y tamaño, Pablo era conocido por su bondad y generosidad. A menudo ayudaba a los colonos a despejar tierras para sus hogares y enseñaba a otros leñadores las habilidades necesarias para prosperar en la naturaleza. Su risa contagiosa y su espíritu bondadoso lo convirtieron en una figura querida dondequiera que iba.

Un día, mientras Pablo y Babe descansaban junto a un lago que habían creado, Pablo miró el vasto paisaje que había moldeado. Sonrió, sabiendo que había dejado una marca en la tierra que sería recordada por generaciones. Y mientras el sol se ponía, bañando las montañas y los valles con un resplandor dorado, Pablo Bunyan y Babe el Buey Azul continuaron su viaje.

Y así, la leyenda de Pablo Bunyan y Babe el Buey Azul sigue viva, como un testimonio de la fuerza, ingenio y espíritu de la frontera americana.

As the years went by, Paul's story grew. People spoke of his mighty deeds and the places he had shaped. The Grand Canyon, they said, was formed when Paul dragged his axe behind him on a particularly tiring day. The Great Lakes were created when Paul and Babe's footprints filled with water. Even the mighty Mississippi River was said to have been carved by Paul as he dragged a stick along the ground to create a waterway for his log rafts.

Despite his incredible strength and size, Paul was known for his kindness and generosity. He would often help settlers clear land for their homes, and he taught other lumberjacks the skills they needed to thrive in the wilderness. His hearty laugh and good-natured spirit made him a beloved figure wherever he went.

One day, as Paul and Babe were resting by a lake they had created, Paul looked out at the vast landscape he had shaped. He smiled, knowing that he had left a mark on the land that would be remembered for generations. And as the sun set, casting a golden glow over the mountains and valleys, Paul Bunyan and Babe the Blue Ox continued their journey.

And so, the tale of Paul Bunyan and Babe the Blue Ox lives on, a testament to the strength, ingenuity, and spirit of the American frontier.

LA BRUJA DE BELL

A principios del siglo XIX, las tranquilas tierras agrícolas de Adams, Tennessee, ocultaban un secreto inquietante. La familia Bell, que había vivido en paz durante muchos años, comenzó a experimentar eventos inexplicables y aterradores que dejarían una marca indeleble en la historia de su pueblo.

John Bell, el patriarca de la familia, era un agricultor respetado y líder comunitario. Vivía con su esposa Lucy y sus hijos en una granja extensa. La vida era serena hasta el otoño de 1817, cuando extrañas ocurrencias comenzaron a perturbar su tranquilidad.

Todo comenzó con débiles sonidos inexplicables. Golpes suaves en las paredes y susurros apagados en la noche fueron descartados como trucos de la imaginación. Sin embargo, los fenómenos pronto se intensificaron. Los ruidos se volvieron más fuertes, asemejando cadenas arrastrándose por el suelo y perros aullando a lo lejos. Los hijos de los Bell informaron haber escuchado sonidos de rasguños debajo de sus camas, y a veces las cobijas de sus camas eran arrancadas por manos invisibles.

THE BELL WITCH

In the early 19th century, the quiet farmlands of Adams, Tennessee, harbored an eerie secret. The Bell family, who had lived peacefully for many years, began experiencing inexplicable and terrifying events that would leave an indelible mark on the history of their town.

John Bell, the patriarch of the family, was a respected farmer and community leader. He lived with his wife, Lucy, and their children on a sprawling farm. Life was serene until the fall of 1817, when strange occurrences began to disturb their tranquility.

It started with faint, unexplained sounds. Soft knocking on the walls and faint whispers in the night were dismissed as tricks of the imagination. However, the phenomena soon escalated. The noises grew louder, resembling chains being dragged across the floor and dogs howling in the distance. The Bell children reported hearing scratching sounds under their beds, and at times, their bedcovers were yanked away by invisible hands.

A medida que las semanas se convertían en meses, las perturbaciones se volvieron cada vez más físicas. Fuerzas invisibles abofeteaban a los niños, dejando marcas y moretones. Betsy Bell, la hija menor, sufrió lo peor. La pellizcaban, la abofeteaban e incluso le tiraban del cabello por un tormentoso invisible. El espíritu parecía tener una particular vendetta contra John Bell, causando que experimentara una misteriosa parálisis en la boca y la mandíbula, dificultando su capacidad para comer o hablar.

Desesperado por ayuda, John Bell buscó la asistencia de amigos y vecinos. Ellos también fueron testigos de las extrañas ocurrencias y no podían ofrecer explicación alguna. La noticia se esparció rápidamente y pronto la granja Bell se convirtió en un centro de curiosos y posibles investigadores. Entre ellos estaba James Johnston, un amigo cercano de la familia. Decidido a descubrir la verdad, él y su esposa pasaron una noche en la casa de los Bell. Su vigilia fue recibida con los mismos fenómenos siniestros: cobijas arrancadas de su cama y manos invisibles golpeándolos. Convencido de la realidad del espíritu, Johnston se comprometió a apoyar a los Bell en su sufrimiento.

As weeks turned into months, the disturbances became increasingly physical. Unseen forces slapped the children, leaving welts and bruises. Betsy Bell, the youngest daughter, suffered the worst. She was pinched, slapped, and even had her hair pulled by an invisible tormentor. The spirit seemed to have a particular vendetta against John Bell, causing him to experience mysterious paralysis in his mouth and jaw, making it difficult for him to eat or speak.

Desperate for help, John Bell sought the assistance of friends and neighbors. They, too, witnessed the bizarre occurrences and could offer no explanation. Word spread quickly, and soon the Bell farm was a hub of curious on-lookers and would-be investigators. Among them was James Johnston, a close family friend. Determined to un-cover the truth, he and his wife spent a night at the Bell home. Their vigil was met with the same sinister phenomena – covers pulled from their bed and invisible hands strik-ing them. Convinced of the haunting's reality, Johnston vowed to support the Bells in their ordeal.

Eventualmente, el ente comenzó a hablar, identificándose como "Kate", aunque sus orígenes seguían siendo un misterio. Exhibía una inteligencia inquietante, conversando libremente y burlándose de la familia. Parecía disfrutar prediciendo eventos futuros, algunos de los cuales se cumplían con escalofriante precisión. La voz de Kate variaba desde gruñidos guturales hasta un habla refinada y articulada. A pesar de sus acciones malévolas, el espíritu ocasionalmente mostraba un lado más suave, cantando himnos y recitando versos bíblicos. Incluso mostró un afecto peculiar por Lucy Bell, tratándola con amabilidad y respeto.

Con el paso de los años, la salud de John Bell se deterioró. El ente frecuentemente lo atormentaba, prediciendo su inminente fallecimiento. El 20 de diciembre de 1820, John Bell fue encontrado sin vida en su cama. Cerca de él, se descubrió un misterioso frasco de líquido negro. La voz de Kate resonó por la casa, reclamando responsabilidad por su muerte. Para probar la veracidad de su afirmación, unas gotas del líquido fueron dadas a un gato, que murió instantáneamente.

El funeral de John Bell fue un asunto sombrío, al que asistieron familiares, amigos y vecinos curiosos. Durante el servicio, la risa del espíritu resonó, burlándose de los dolientes. Con John Bell ausente, la actividad del ente disminuyó. Prometió regresar siete años después y, fiel a su palabra, se reportaron breves perturbaciones, pero pronto cesaron.

The entity eventually began to speak, identifying itself as "Kate", though its origins remained a mystery. It exhibited an uncanny intelligence, conversing freely and mocking the family. It seemed to take pleasure in predicting future events, some of which came to pass with eerie accuracy. Kate's voice ranged from guttural growls to refined, articulate speech. Despite its malevolent actions, the spirit occasionally displayed a softer side, singing hymns and reciting Bible verses. It even showed a peculiar affection for Lucy Bell, treating her with kindness and respect.

As the years wore on, John Bell's health declined. The entity frequently taunted him, predicting his imminent demise. On December 20, 1820, John Bell was found lifeless in his bed. Nearby, a mysterious vial of black liquid was discovered. Kate's voice rang through the house, claiming responsibility for his death. To test the truth of her claim, a few drops of the liquid were given to a cat, which died instantly.

John Bell's funeral was a somber affair, attended by family, friends, and curious neighbors. Throughout the service, the spirit's laughter echoed, mocking the mourners. With John Bell gone, the entity's activity waned. It promised to return seven years later, and true to its word, brief disturbances were reported but soon ceased.

La vida regresó gradualmente a la normalidad para la familia Bell, pero el recuerdo de la posesión permaneció. La historia de su sufrimiento se transmitió a través de generaciones, un recordatorio escalofriante de la presencia siniestra que alguna vez aterrorizó su hogar.

La Bruja de Bell sigue siendo parte de la historia de Tennessee, un enigma espectral que desafía la explicación. Los visitantes de Adams todavía hablan de la antigua granja Bell con reverencia, conscientes de que algunos secretos es mejor dejarlos sin perturbar. La posesión de la familia Bell sirve como un testimonio sombrío de las fuerzas desconocidas que acechan en las sombras, esperando su momento para emerger.

Life gradually returned to normal for the Bell family, but the memory of the haunting remained. The tale of their ordeal was passed down through generations, a chilling reminder of the sinister presence that once terrorized their home.

The Bell Witch remains a part of Tennessee's history, a spectral enigma that defies explanation. Visitors to Adams still speak of the old Bell farm with hushed reverence, aware that some secrets are best left undisturbed. The Bell family's haunting serves as a stark testament to the unknown forces that lurk in the shadows, waiting for their moment to emerge.

EL VIAJE DE JOHNNY APPLESEED

En los primeros días de la expansión de la frontera de América, una figura de bondad y generosidad vagaba por la naturaleza, dejando atrás un legado que perduraría por generaciones. Su nombre era Johnny Appleseed, aunque nació como John Chapman. Se convirtió en un héroe popular conocido por su estilo de vida sencillo y su dedicación a plantar manzanos en el medio oeste estadounidense.

Johnny era una vista peculiar. Llevaba una olla como sombrero, caminaba descalzo y llevaba un saco de semillas de manzana donde quiera que iba. Su vestimenta estaba hecha de tela rugosa y tejida a mano, a menudo remendada y reparada, reflejando su naturaleza humilde. A pesar de su apariencia extraña, su corazón era puro y su misión era noble.

Vagaba por Ohio, Indiana y Illinois, plantando semillas de manzana en el camino. Pero Johnny no solo plantaba árboles; sembraba esperanza y sustento para los futuros colonos. Cada árbol que sembraba era una promesa de alimento, sidra y sombra, un símbolo de prosperidad en la dura y a menudo implacable frontera.

El viaje de Johnny comenzó a principios de 1800. Creía en el poder de las manzanas, no solo por su valor nutricional, sino también por su potencial para cultivar un sentido de comunidad. A medida que se movía de un pueblo a otro, compartía historias, canciones y su profundo amor por la naturaleza. Niños y adultos se reunían a su alrededor, cautivados por sus relatos de aventuras y su sabiduría.

THE JOURNEY OF JOHNNY APPLE-SEED

In the early days of America's frontier expansion, a figure of kindness and generosity roamed the wilderness, leaving behind a legacy that would endure for generations. His name was Johnny Appleseed, though he was born John Chapman. He became a folk hero known for his simple lifestyle and his dedication to planting apple trees across the American Midwest.

Johnny was a peculiar sight. He wore a pot for a hat, walked barefoot, and carried a sack of apple seeds wherever he went. His clothing was made from rough, homespun cloth, often patched and mended, reflecting his humble nature. Despite his odd appearance, his heart was pure, and his mission was noble.

He wandered through Ohio, Indiana, and Illinois, planting apple seeds along the way. But Johnny did more than just plant trees; he planted hope and sustenance for future settlers. Each tree he sowed was a promise of food, cider, and shade, a symbol of prosperity in the harsh and often unforgiving frontier.

Johnny's journey began in the early 1800s. He believed in the power of apples not just for their nutritional value but also for their potential to cultivate a sense of community. As he moved from one town to another, he shared stories, songs, and his profound love for nature. Children and adults gathered around him, captivated by his tales of adventure and his wisdom.

Una de las mayores alegrías de Johnny era enseñar a otros sobre la importancia de plantar y cuidar los manzanos. A menudo ayudaba a los colonos a iniciar sus propios huertos, proporcionándoles semillas y plántulas. Les explicaba cómo cuidar de los jóvenes árboles, fomentando la paciencia y la perseverancia. Sus enseñanzas se extendieron por todas partes y pronto los huertos de manzanas comenzaron a florecer en todo el medio oeste.

A pesar de sus vagancias, Johnny nunca estaba solo. Los animales parecían sentirse atraídos por él, sintiendo su espíritu gentil. Ciervos, aves e incluso el ocasional oso se acercaban a él sin miedo. Se sabía que cuidaba a los animales heridos y a menudo compartía sus escasas comidas con ellos. Su afinidad con la naturaleza era casi mágica, ganándose la confianza y admiración tanto de animales como de humanos.

La bondad de Johnny se extendía más allá de su amor por la naturaleza. Era conocido por su generosidad hacia aquellos que lo necesitaban. Los colonos que luchaban por establecer sus hogares encontraban en Johnny un amigo. Regalaba la ropa de su propia espalda, compartía su comida y ofrecía refugio a cualquiera que lo necesitara. Su desinterés no conocía límites y sus actos de bondad fueron recordados mucho después de que se hubiera ido.

One of Johnny's greatest joys was teaching others about the importance of planting and caring for apple trees. He often helped settlers start their own orchards, providing them with seeds and saplings. He explained how to tend to the young trees, encouraging patience and perseverance. His teachings spread far and wide, and soon apple orchards began to flourish across the Midwest.

Despite his wanderings, Johnny was never alone. Animals seemed to be drawn to him, sensing his gentle spirit. Deer, birds, and even the occasional bear would approach him without fear. He was known to nurse injured animals back to health and often shared his meager meals with them. His affinity with nature was almost magical, earning him the trust and admiration of both animals and humans.

Johnny's kindness extended beyond his love for nature. He was known for his generosity toward those in need. Settlers who were struggling to establish their homes found a friend in Johnny Appleseed. He gave away the clothes from his own back, shared his food, and offered shelter to anyone who needed it. His selflessness knew no bounds, and his acts of kindness were remembered long after he had moved on.

Con el paso de los años, los manzanos que Johnny había plantado crecieron y dieron fruto. Los huertos florecieron, proporcionando a las comunidades una fuente abundante de alimento e ingresos. Los colonos que se beneficiaron de los esfuerzos de Johnny a menudo hablaban de él con gran cariño, transmitiendo historias de su generosidad y sabiduría a sus hijos y nietos.

El legado de Johnny no eran solo los manzanos que salpicaban el paisaje, sino también el espíritu de dar y cuidar de aquellos que conocía. Se convirtió en un símbolo del espíritu pionero estadounidense, personificando los valores del trabajo arduo, la amabilidad y un profundo respeto por la naturaleza.

En el ocaso de su vida, Johnny continuó vagando por el campo, plantando semillas y difundiendo buena voluntad. Falleció en 1845, pero su memoria vivió en los huertos que dejó atrás y en las historias que se contaban alrededor de innumerables hogares.

Hoy, cuando la gente ve manzanos en el medio oeste, a menudo piensa en Johnny Appleseed. Su viaje fue uno de simplicidad y propósito, un testimonio del impacto que una sola persona puede tener a través de pequeños actos de bondad y una profunda conexión con la tierra. La vida de Johnny Appleseed sigue siendo un cuento apreciado de un hombre que vagó por la naturaleza, plantando semillas de esperanza y amistad dondequiera que iba.

As the years passed, the apple trees Johnny had planted grew and bore fruit. Orchards blossomed, providing communities with an abundant source of food and income. The settlers who benefited from Johnny's efforts often spoke of him with great fondness, passing down stories of his generosity and wisdom to their children and grandchildren.

Johnny's legacy was not just the apple trees that dotted the landscape but also the spirit of giving and caring for those he met. He became a symbol of the American pioneer spirit, embodying the values of hard work, kindness, and a deep respect for nature.

In the twilight of his life, Johnny continued to roam the countryside, planting seeds and spreading goodwill. He passed away in 1845, but his memory lived on in the orchards he left behind and the stories that were told around countless hearths.

Today, when people see apple trees in the Midwest, they often think of Johnny Appleseed. His journey was one of simplicity and purpose, a testament to the impact one person can have through small acts of kindness and a deep connection to the earth. Johnny Appleseed's life remains a cherished tale of a man who wandered the wilderness, planting seeds of hope and friendship wherever he went.

LA BÚSQUEDA DE EL DORADO

En los primeros días de la exploración estadounidense, comenzaron a circular relatos sobre una ciudad de oro entre aventureros y cazadores de tesoros. Esta ciudad, conocida como El Dorado, se decía que estaba oculta en las profundidades de los territorios inexplorados de América del Norte. La promesa de una riqueza inimaginable atraía a innumerables exploradores a la vasta y desconocida naturaleza.

Entre estos aventureros había un hombre llamado Samuel Hartley. Un explorador experimentado con una pasión por el descubrimiento, Samuel había oído las historias de El Dorado desde que era niño. Las leyendas hablaban de calles de oro, templos decorados con joyas y riquezas más allá de la imaginación. Decidido a encontrar esta ciudad legendaria, Samuel reunió a un grupo de exploradores de ideas afines y se embarcó en una expedición.

El viaje fue arduo. Los densos bosques, las montañas imponentes y los ríos traicioneros presentaron innumerables obstáculos. Las semanas se convirtieron en meses mientras el grupo se adentraba más en la naturaleza. A pesar de las dificultades, la determinación de Samuel nunca flaqueó. Creía que El Dorado era real y estaba decidido a encontrarlo.

THE QUEST FOR EL DORADO

In the early days of American exploration, tales of a city of gold began to spread among adventurers and treasure hunters. This city, known as El Dorado, was said to be hidden deep within the unexplored territories of North America. The promise of unimaginable wealth lured countless explorers into the vast and uncharted wilderness.

Among these adventurers was a man named Samuel Hartley. A seasoned explorer with a passion for discovery, Samuel had heard the stories of El Dorado since he was a child. The legends spoke of golden streets, jewel-encrusted temples, and wealth beyond imagination. Determined to find this fabled city, Samuel gathered a group of like-minded explorers and set out on an expedition.

The journey was arduous. The dense forests, towering mountains, and treacherous rivers presented countless obstacles. Weeks turned into months as the group pressed deeper into the wilderness. Despite the hardships, Samuel's resolve never wavered. He believed that El Dorado was real, and he was determined to find it.

Una noche, mientras el grupo acampaba junto a un río, Samuel notó algo brillante en el agua. Se inclinó y sacó un pequeño nugget de oro. La emoción recorrió el campamento mientras los exploradores examinaban el nugget. Era una señal de que estaban en el camino correcto. Animados por este descubrimiento, continuaron su viaje con renovado vigor.

A medida que avanzaban, se encontraron con tribus indígenas que hablaban de una gran ciudad al oeste, un lugar de inmensa riqueza custodiado por poderosos espíritus. Los exploradores eran cautelosos, pero su deseo de oro superaba sus temores. Siguieron las instrucciones que les dieron y atravesaron paisajes escabrosos.

Los días se convirtieron en semanas y los suministros del grupo comenzaron a escasear. La expedición, que antes estaba llena de esperanza, ahora estaba marcada por la tensión y la desesperación. Algunos de los hombres comenzaron a dudar de la existencia de El Dorado, cuestionando si la ciudad era solo un mito. Pero la fe de Samuel se mantuvo inquebrantable. Instó a sus compañeros a seguir adelante, convencido de que estaban cerca de su objetivo.

Una mañana, cuando el sol se levantaba sobre el horizonte, el grupo tropezó con un antiguo sendero. El sendero estaba marcado con extraños símbolos y conducía a un valle escondido. Con los corazones latiendo de anticipación, siguieron el camino hasta llegar a un amplio claro.

One evening, as the group made camp by a river, Samuel noticed something glimmering in the water. He reached down and pulled out a small gold nugget. Excitement surged through the camp as the explorers examined the nugget. It was a sign that they were on the right path. Encouraged by this discovery, they continued their journey with renewed vigor.

As they ventured further, they encountered indigenous tribes who spoke of a great city to the west, a place of immense wealth guarded by powerful spirits. The explorers were cautious, but their desire for gold outweighed their fears. They followed the directions given to them and traversed rugged landscapes.

Days turned into weeks, and the group's supplies began to dwindle. The once hopeful expedition was now fraught with tension and despair. Some of the men started to doubt the existence of El Dorado, questioning whether the city was merely a myth. But Samuel's belief remained unshaken. He urged his companions to press on, convinced that they were close to their goal.

One morning, as the sun rose over the horizon, the group stumbled upon an ancient path. The path was lined with strange symbols and led to a hidden valley. Hearts pounding with anticipation, they followed the path until they reached a vast clearing.

Allí, en el corazón del valle, se encontraban las ruinas de una antigua ciudad. Las estructuras, una vez grandiosas, estaban ahora cubiertas de enredaderas y las calles de oro estaban enterradas bajo capas de tierra. Era evidente que la ciudad había estado abandonada durante siglos. A pesar de su estado de deterioro, los exploradores supieron que habían encontrado El Dorado.

Samuel y sus compañeros pasaron días explorando las ruinas, descubriendo artefactos y restos de la antigua gloria de la ciudad. Encontraron ídolos de oro, joyería intrincadamente diseñada y cerámica adornada con piedras preciosas. La riqueza que descubrieron superó sus sueños más salvajes.

Sin embargo, a medida que se adentraban más en las ruinas, se dieron cuenta de que el verdadero tesoro de El Dorado no era solo su oro. La ciudad guardaba conocimiento y sabiduría de una civilización antigua, historias de un pueblo que había prosperado en armonía con su entorno antes de desaparecer sin dejar rastro.

Samuel entendió que el verdadero valor de El Dorado residía en su historia y las lecciones que ofrecía. Decidió documentar sus hallazgos, asegurándose de que el conocimiento que descubrieron no se perdiera en el tiempo. Los exploradores recogieron lo que pudieron cargar y comenzaron su viaje de regreso a casa.

There, in the heart of the valley, stood the ruins of an ancient city. The once grand structures were now overgrown with vines, and the golden streets were buried beneath layers of earth. It was clear that the city had been abandoned for centuries. Despite its state of decay, the explorers knew they had found El Dorado.

Samuel and his companions spent days exploring the ruins, uncovering artifacts and remnants of the city's former glory. They found golden idols, intricately designed jewelry, and pottery adorned with precious stones. The wealth they discovered surpassed their wildest dreams.

However, as they delved deeper into the ruins, they realized that the true treasure of El Dorado was not just its gold. The city held knowledge and wisdom from an ancient civilization, stories of a people who had thrived in harmony with their environment before vanishing without a trace.

Samuel understood that El Dorado's true value lay in its history and the lessons it offered. He decided to document their findings, ensuring that the knowledge they uncovered would not be lost to time. The explorers gathered what they could carry and began their journey back home.

La historia de la expedición de Samuel Hartley a El Dorado se extendió por todas partes, inspirando a futuras generaciones de exploradores y cazadores de tesoros. La leyenda de la ciudad de oro continuó cautivando la imaginación, un testimonio del atractivo perdurable del descubrimiento y de los misterios que aún yacen ocultos en el mundo.

The tale of Samuel Hartley's expedition to El Dorado spread far and wide, inspiring future generations of explorers and treasure seekers. The legend of the city of gold continued to captivate the imagination, a testament to the enduring allure of discovery and the mysteries that still lay hidden in the world.

LAS AVENTURAS SALVAJES DE PECOS BILL

En el corazón del Oeste Americano, donde las praderas se extienden sin fin y los cielos son tan vastos como los sueños de aquellos que vagan debajo de ellos, vivía un vaquero como ningún otro. Su nombre era Pecos Bill, y sus aventuras eran tan salvajes y exageradas como la tierra misma.

La historia de Bill comenzó en la dura frontera indomada. Cuando era bebé, cayó de la caravana de su familia mientras cruzaban el río Pecos. Criado por coyotes, Bill creció pensando que era uno de ellos. Aullaba a la luna, corría con la manada y aprendía los caminos de la naturaleza. No fue hasta que se encontró con un grupo de vaqueros que se dio cuenta de que era humano. Decidiendo abrazar su verdadera identidad, Bill se despidió de su familia de coyotes y se unió a los vaqueros.

Bill rápidamente se hizo conocido por sus hazañas extraordinarias. Podía atrapar un ganado con un solo lanzamiento, montar cualquier caballo y disparar mejor que el más rápido de los pistoleros. Pero no solo eran sus habilidades lo que lo diferenciaba; era su personalidad más grande que la vida y las historias extravagantes que lo seguían a donde quiera que iba.

THE WILD ADVENTURES OF PECOS BILL

In the heart of the American West, where the prairies stretch endlessly and the skies are as vast as the dreams of those who wander beneath them, there lived a cowboy like no other. His name was Pecos Bill, and his adventures were as wild and exaggerated as the land itself.

Bill's story began in the harsh, untamed frontier. As a baby, he fell from his family's covered wagon while crossing the Pecos River. Raised by coyotes, Bill grew up thinking he was one of them. He howled at the moon, ran with the pack, and learned the ways of the wild. It wasn't until he encountered a group of cowboys that he realized he was human. Deciding to embrace his true identity, Bill bid farewell to his coyote family and joined the cowboys.

Bill quickly became known for his extraordinary feats. He could rope a steer with a single throw, ride any horse, and outshoot the fastest gunslinger. But it wasn't just his skills that set him apart; it was his larger-than-life personality and the outlandish tales that followed him wherever he went.

Un caluroso día de verano, Bill se encontró en medio de una terrible sequía. El ganado tenía sed, la hierba estaba seca y los ríos casi habían desaparecido. Decidido a encontrar agua, Bill cabalgó al desierto en su fiel caballo, Widow-Maker. Mientras buscaba en el horizonte, apareció un enorme tornado, girando y agitando con una fuerza inimaginable.

La mayoría habría huido por miedo, pero no Pecos Bill. Vio el tornado como un desafío. Con un grito salvaje, espoleó a Widow-Maker y cargó directo al corazón de la tormenta. Saltando de su caballo, Bill agarró el tornado por la cola y subió a bordo. Cabalgó el torbellino a través del desierto, domándolo con pura fuerza de voluntad hasta que finalmente se disipó, dejando detrás un río fresco y resplandeciente para saciar la sed de la tierra.

Otra vez, Bill se enfrentó a la infame pandilla conocida como la Pandilla de la Puerta del Infierno. Estos forajidos habían estado aterrorizando la región, y Bill decidió que era hora de poner fin a su reinado de terror. Los rastreó hasta su escondite en un cañón escarpado, donde los enfrentó con nada más que su cruda valentía y una serpiente de cascabel llamada Shake, que usó como lazo.

Con un movimiento de su muñeca, Bill hizo girar a Shake en el aire, envolviendo a los forajidos con la serpiente y atándolos fuertemente. La pandilla se asustó tanto al ver una serpiente usada como arma que se rindieron en el acto, y Bill regresó al pueblo como un héroe. Allí, su reputación creció aún más legendaria.

One scorching summer day, Bill found himself in the midst of a terrible drought. The cattle were thirsty, the grass was dry, and the rivers had all but disappeared. Determined to find water, Bill rode out into the desert on his trusty steed, Widow-Maker. As he searched the horizon, a massive tornado appeared, swirling and churning with unimaginable force.

Most would have fled in fear, but not Pecos Bill. He saw the tornado as a challenge. With a wild whoop, he spurred Widow-Maker forward and charged straight into the heart of the storm. Leaping from his horse, Bill grabbed the tornado by its tail and climbed aboard. He rode the whirlwind across the desert, taming it with sheer willpower until it finally dissipated, leaving behind a fresh, sparkling river to quench the land's thirst.

Another time, Bill found himself up against the notorious gang known as the Hell's Gate Gang. These desperados had been terrorizing the region, and Bill decided it was time to put an end to their reign of terror. He tracked them to their hideout in a rugged canyon, where he faced them down with nothing but his raw courage and a rattlesnake named Shake, which he used as a lasso.

With a flick of his wrist, Bill whirled Shake through the air, wrapping the rattlesnake around the outlaws and binding them tight. The gang was so startled by the sight of a snake being used as a weapon that they surrendered on the spot, and Bill rode back to town as a hero. There, his reputation grew ever more legendary.

A pesar de su vida dura y llena de aventuras, Pecos Bill tenía un lado tierno. Se enamoró de una mujer llamada Slue-Foot Sue, que era tan salvaje y libre como él. En su día de bodas, Sue insistió en montar a Widow-Maker, pero el poderoso caballo la lanzó tan alto al cielo que rebotó en la luna. Bill intentó atraparla, pero su rebote continuó, y finalmente se asentó en la luna, donde se dice que aún reside, iluminando la noche con su risa.

Las aventuras de Bill continuaron moldeando el paisaje y a la gente del Oeste. Cavó el río Grande con sus propias manos, talló el Gran Cañón mientras arrastraba su pico detrás de él y creó el Valle de la Muerte al luchar con el mismo diablo. Sus hazañas se convirtieron en las historias de fogata contadas y recontadas por vaqueros bajo los cielos estrellados.

A medida que pasaban los años, la leyenda de Bill creció. Encarnó el espíritu de la frontera americana: audaz, descarado e inquebrantable. Sus historias sirvieron como un recordatorio de que en la vasta extensión del Oeste, cualquier cosa era posible y que el corazón salvaje de un verdadero vaquero podía domar incluso las fuerzas más indomables.

Y así, la historia de Pecos Bill sigue viva, un tributo a la audacia y la aventura que definieron el Oeste americano.

Despite his rough-and-tumble life, Pecos Bill had a tender side. He fell in love with a woman named Slue-Foot Sue, who was as wild and free-spirited as he was. On their wedding day, Sue insisted on riding Widow-Maker, but the powerful horse bucked her so high into the sky that she bounced off the moon. Bill tried to catch her, but her bouncing continued, and she eventually settled on the moon, where it's said she still resides, lighting up the night with her laughter.

Bill's adventures continued to shape the landscape and the people of the West. He dug the Rio Grande River with his bare hands, carved out the Grand Canyon while dragging his pickaxe behind him, and created Death Valley by wrestling with the devil himself. His deeds became the campfire stories, told and retold by cowboys under the starlit skies.

As the years passed, Bill's legend grew. He embodied the spirit of the American frontier – bold, brash, and unyielding. His stories served as a reminder that in the vast expanse of the West, anything was possible, and the wild heart of a true cowboy could tame even the most untamable of forces.

And so, the tale of Pecos Bill lives on, a tribute to the audacity and adventure that defined the American West.

EL DIABLO DE JERSEY

En el corazón de los Pine Barrens de Nueva Jersey, densos bosques y tierras pantanosas se extienden hasta donde alcanza la vista. Esta tierra salvaje e indómita guarda secretos susurrados a través de los siglos. Ninguno es más escalofriante que la historia del Diablo de Jersey. Se dice que esta criatura acecha en las profundidades de estos bosques.

En una noche sin luna, el bosque estaba extrañamente silencioso. Los sonidos nocturnos habituales estaban ausentes. El aire estaba cargado con una inquietante quietud. Entre los antiguos pinos y la densa maleza, una figura antinatural se hacía presente.

El Diablo de Jersey es descrito por aquellos que lo han visto. Se erige sobre dos patas como un humano, pero su cuerpo está cubierto de pelaje oscuro y áspero. Su cabeza se asemeja a la de un caballo, con ojos rojos brillantes que atraviesan la oscuridad. Masivas alas de cuero brotan de su espalda, permitiéndole deslizarse silenciosamente sobre las copas de los árboles. Lo más aterrador de todo es su grito. Es un sonido agudo y desgarrador que puede romper el silencio de la noche y congelar la sangre de cualquiera que lo escuche.

THE JERSEY DEVIL

In the heart of New Jersey's Pine Barrens, dense woods and marshy land stretch as far as the eye can see. This wild, untamed land holds secrets whispered through the ages. None is more chilling than the story of the Jersey Devil. The creature is said to haunt the depths of these forests.

On a moonless night, the forest was eerily silent. The usual night sounds were absent. The air was thick with an uneasy stillness. Among the ancient pines and thick underbrush, an unnatural figure made itself known.

The Jersey Devil is described by those who have seen it. It stands on two legs like a human, but its body is covered in coarse, dark fur. Its head looks like a horse, with glowing red eyes that pierce the darkness. Massive, leathery wings sprout from its back, letting it glide silently above the treetops. Most terrifying of all is its screech. It is a high-pitched, blood-curdling sound that can shatter the stillness of the night and freeze the blood of anyone who hears it.

Generaciones de residentes de los Pine Barrens han compartido relatos de encuentros con la criatura. Los granjeros hablan de ganado desaparecido. Sus restos se encuentran desgarrados y esparcidos, el suelo a su alrededor marcado con huellas de pezuñas hendidas. Los cazadores que regresan del bosque a menudo cuentan haber visto una figura sombría a la distancia. Se desvanece en el aire. En raras ocasiones, se dice que el Diablo de Jersey se aventura cerca de asentamientos humanos. Su grito resuena en la noche, un aviso de su presencia acechante.

Una de esas noches, un joven trampero llamado Samuel se encontró en lo profundo de los Pine Barrens. Estaba lejos de su cabaña. Había pasado el día poniendo trampas y recolectando provisiones. A medida que caía el crepúsculo, se dio cuenta de que no estaba solo. El bosque a su alrededor se volvió extrañamente silencioso. Una sensación de temor lo invadió. Las historias que había escuchado de niño resurgieron: relatos del Diablo de Jersey y sus acechos.

Samuel caminó más rápido. Esperaba llegar a su cabaña antes de que la oscuridad cayera por completo. Mientras avanzaba a través de la densa maleza, notó que el viento había aumentado. Las hojas crujían, añadiendo a su creciente inquietud. De repente, un grito atravesó el aire, más aterrador que cualquier cosa que hubiera escuchado. Resonó entre los árboles, reverberando en su pecho y acelerando su corazón.

Generations of Pine Barrens residents have shared tales of encounters with the creature. Farmers speak of missing livestock. Their remains are found torn and scattered, the ground around them marked with cloven hoof prints. Hunters returning from the woods often tell of seeing a shadowy figure in the distance. It vanishes into thin air. On rare occasions, the Jersey Devil is said to venture close to human settlements. Its screech echoes through the night and is a warning of its lurking presence.

One such night, a young trapper named Samuel found himself deep in the Pine Barrens. He was far from his cabin. He had spent the day setting traps and gathering provisions. As dusk settled, he realized he was not alone. The forest around him grew unnaturally quiet. A sense of dread washed over him. The stories he had heard as a child resurfaced, tales of the Jersey Devil and its hauntings.

Samuel walked faster. He hoped to reach his cabin before darkness fell completely. As he trudged through the thick underbrush, he noticed the wind had picked up. The leaves rustled, adding to his growing unease. Suddenly, a shriek pierced the air, more horrifying than anything he had ever heard. It echoed through the trees, reverberating in his chest and making his heart race.

Se detuvo en seco, escaneando el bosque que se oscurecía a su alrededor. Allí, silueteado contra el cielo del crepúsculo, lo vio: el Diablo de Jersey. Sus alas estaban extendidas. Sus ojos rojos brillaban con una intensidad malévola. La criatura flotó por un momento, su mirada fijada en Samuel antes de soltar otro grito ensordecedor. Aterrorizado, Samuel retrocedió tambaleándose.

La bestia se lanzó hacia abajo. Sus enormes alas levantaron el aire en una tormenta. Samuel giró y corrió, su instinto lo empujaba hacia adelante a pesar del terreno difícil. Podía oír el aleteo de las alas detrás de él. La implacable persecución parecía cerrarse con cada paso. Justo cuando sintió que sus fuerzas flaqueaban, irrumpió en un pequeño claro. Su cabaña era visible al otro lado.

Reuniendo el último de su energía, Samuel se lanzó hacia la cabaña. Se arrojó dentro y cerró la puerta de un portazo. Afuera, el grito continuó, pero el Diablo de Jersey no lo siguió. Parecía contento de circular alrededor de la cabaña. Sus gritos eran un recordatorio del terror que acechaba en los Pine Barrens.

Cuando amaneció, la criatura finalmente partió. Samuel estaba tembloroso, pero vivo. Sabía que había escapado por poco de un destino que muchos antes que él no habían tenido. El encuentro le dejó un profundo respeto por el antiguo bosque y los oscuros secretos que guardaba.

He stopped in his tracks, scanning the darkening forest around him. There, silhouetted against the twilight sky, he saw it: the Jersey Devil. Its wings were outstretched. Its red eyes glowed with a malevolent intensity. The creature hovered for a moment, its gaze locked on Samuel, before letting out another deafening screech. Panicked, Samuel stumbled backward.

The beast swooped down. Its massive wings whipped up the air into a storm. Samuel turned and ran, his instincts driving him forward despite the rough terrain. He could hear the flapping of wings behind him. The relentless pursuit seemed to close in with every step. Just as he felt his strength waning, he burst into a small clearing. His cabin was visible on the other side.

Summoning the last of his energy, Samuel dashed toward the cabin. He threw himself through the door and slammed it shut behind him. Outside, the screeching continued, but the Jersey Devil did not follow. It seemed content to circle the cabin. Its cries were a reminder of the terror that lurked in the Pine Barrens.

As dawn broke, the creature finally departed. Samuel was shaken but alive. He knew he had narrowly escaped a fate that many before him had not. The encounter left him with a profound respect for the ancient forest and the dark secrets it held.

La historia del Diablo de Jersey sigue siendo un recordatorio escalofriante de lo desconocido que acecha en las sombras. Los Pine Barrens, con sus profundos y impenetrables bosques, continúan guardando sus misterios. La leyenda del Diablo de Jersey perdura como una historia de advertencia para aquellos que se atreven a aventurarse demasiado en las profundidades del bosque.

The story of the Jersey Devil remains a chilling reminder of the unknown lurking in the shadows. The Pine Barrens, with its deep, impenetrable woods, continues to guard its mysteries. The tale of the Jersey Devil endures as a cautionary story for those who dare to venture too far into the depths of the woods.

LAS AVENTURAS DE DAVY CROCKETT

Davy Crockett, un nombre que resuena a lo largo de la historia estadounidense, fue un hombre de frontera y héroe popular conocido por sus aventuras en la naturaleza y su legendaria valentía. Nacido en los bosques de Tennessee, Davy creció aprendiendo los caminos del salvaje. Cazar, atrapar y sobrevivir en el duro entorno se convirtieron en su segunda naturaleza. A través de sus habilidades y atrevidas hazañas, rápidamente se convirtió en una leyenda.

En los densos bosques de Tennessee, Davy emprendió muchas aventuras. Una de las más famosas involucró a un feroz oso que aterrorizaba a los colonos locales. El oso había destruido cultivos y ganado, creando miedo y caos. Decidido a proteger a su comunidad, Davy se propuso rastrear y matar a la bestia.

Durante días, siguió la pista del oso a través de los espesos bosques y los ríos caudalosos. Finalmente, se encontró cara a cara con el enorme animal. Con su confiable rifle en mano, Davy mantuvo su posición mientras el oso cargaba hacia él. Su disparo resonó, resonando en el bosque. El oso cayó, y Davy regresó a casa como un héroe, su valentía celebrada por todos.

THE ADVENTURES OF DAVY CROCK-ETT

Davy Crockett, a name that echoes through American history, was a frontiersman and folk hero known for his adventures in the wilderness and his legendary bravery. Born in the backwoods of Tennessee, Davy grew up learning the ways of the wild. Hunting, trapping, and surviving in the harsh environment became second nature to him. Through his skills and daring exploits he quickly became a legend.

In the dense forests of Tennessee, Davy embarked on many adventures. One of his most famous involved a ferocious bear that terrorized the local settlers. The bear had destroyed crops and livestock, creating fear and chaos. Determined to protect his community, Davy set out to track and kill the beast.

For days, he followed the bear's trail through thick woods and across rushing streams. Finally, he came face to face with the enormous animal. With his trusty rifle in hand, Davy stood his ground as the bear charged. His shot rang out, echoing through the forest. The bear fell, and Davy returned home a hero, his bravery celebrated by all.

La reputación de Davy como cazador hábil y protector valiente se difundió rápidamente. Se convirtió en un símbolo del espíritu fronterizo estadounidense, encarnando el coraje y la resiliencia de aquellos que vivían en el límite de la civilización. Pero la historia de Davy no terminó con sus aventuras en la naturaleza. Su destino lo llevó a Alamo, un pequeño pueblo en Texas, donde se libraba una feroz batalla por la independencia.

En 1836, Texas luchaba por su independencia de México. El Alamo estaba bajo asedio, y Davy se unió a la lucha. Junto a un pequeño grupo de defensores, se enfrentó a las abrumadoras fuerzas mexicanas. Durante trece días, los defensores resistieron, convirtiendo su valentía y determinación en un símbolo de resistencia.

El asalto final llegó el 6 de marzo de 1836. Las tropas mexicanas asaltaron el Alamo, abrumando a los defensores. Davy luchó valientemente, pero murió junto a sus compañeros ese día en una batalla que se convirtió en un punto de inflexión en la historia estadounidense. La valentía y el sacrificio de Davy y los otros defensores del Alamo inspiraron a muchos a unirse a la lucha por la independencia de Texas.

El legado de Davy perduró mucho después de su muerte. Su vida y aventuras fueron narradas y se convirtieron en leyenda. Se convirtió en un símbolo del individualismo rudo y del espíritu aventurero que definió la frontera estadounidense. Sus hazañas en la naturaleza, su valiente enfrentamiento con el oso y su sacrificio final en la batalla por la independencia fueron celebrados en canciones, historias y obras de teatro.

Davy's reputation as a skilled hunter and fearless protector spread far. He became a symbol of the American frontier spirit, embodying the courage and resilience of those who lived on the edge of civilization. But Davy's story did not end with his adventures in the wilderness. His destiny led him to Alamo, a small town in Texas, where a fierce battle for independence was raging.

In 1836, Texas was fighting for its independence from Mexico. Alamo was under siege, and Davy joined the fight. Alongside a small group of defenders, he stood against the overwhelming Mexican forces. For thirteen days, the defenders held out, their courage and determination becoming a symbol of resistance.

The final assault came on March 6, 1836. Mexican troops stormed Alamo, overwhelming the defenders. Davy fought bravely, but died alongside his comrades that day in a battle that became a turning point in American history. The bravery and sacrifice of Davy and the other defenders of Alamo inspired many to join the fight for Texas independence.

Davy's legacy lived on long after his death. His life and adventures were told and grew into a legend. He became a symbol of the rugged individualism and adventurous spirit that defined the American frontier. His exploits in the wilderness, his fearless stand against the bear, and his ultimate sacrifice in the battle for independence were celebrated in songs, stories, and plays.

Incluso hoy, el nombre Davy Crockett evoca imágenes de la naturaleza indómita y de un hombre que se enfrentó a los desafíos de su tiempo. Su historia nos recuerda el coraje y la determinación que forjaron una nación.

Even today, the name Davy Crockett conjures images of the untamed wilderness and of a man who stood tall against the challenges of his time. His life story reminds us of the courage and determination that forged a nation.

EL JINETE SIN CABEZA

En la tranquila aldea de Sleepy Hollow, anidada en las colinas a lo largo del río Hudson, se han contado extrañas historias durante generaciones. Entre estos relatos, ninguno es más escalofriante que el del Jinete Sin Cabeza. Se dice que esta figura espectral acecha la aldea, montando en la noche en busca de su cabeza perdida.

La historia comienza durante la Guerra de Independencia de Estados Unidos. En una feroz batalla, un soldado hessian que luchaba para los británicos fue decapitado por un cañonazo. Sus camaradas lo enterraron en el pequeño cementerio de Sleepy Hollow, pero su espíritu no pudo encontrar paz. La leyenda dice que se levanta de su tumba cada noche, montando un caballo negro y recorriendo el campo en busca de su cabeza perdida.

Sleepy Hollow, con sus densos bosques y caminos serpenteantes, es el escenario perfecto para una figura tan aterradora. La aldea está envuelta en una inquietante penumbra perpetua, donde la línea entre la realidad y lo sobrenatural se difumina. Los lugareños evitan viajar solos después del anochecer, especialmente cerca del viejo cementerio y el puente cubierto, donde a menudo se ve al Jinete.

THE HEADLESS HORSEMAN

In the quiet village of Sleepy Hollow, nestled in the hills along the Hudson River, strange tales have been told for generations. Among these stories, none is more chilling than that of the Headless Horseman. This ghostly figure is said to haunt the village, riding through the night in search of his lost head.

The story begins during the American Revolutionary War. In a fierce battle, a Hessian soldier fighting for the British was decapitated by a cannonball. His comrades buried him in the small churchyard of Sleepy Hollow, but his spirit could not find peace. The legend says he rises from the grave each night, mounting a black horse and riding through the countryside, searching for his missing head.

Sleepy Hollow, with its dense forests and winding roads, is the perfect setting for such a haunting figure. The village is shrouded in an eerie, perpetual twilight, where the line between reality and the supernatural blurs. Locals avoid traveling alone after dark, especially near the old churchyard and the covered bridge where the Horseman is often seen.

Ichabod Crane, un maestro de escuela de Connecticut, llegó a Sleepy Hollow un otoño para asumir su cargo de enseñanza. Alto y desgarbado, con un voraz apetito tanto por la comida como por las historias de fantasmas, Ichabod rápidamente se convirtió en parte de la vida de la aldea. Estaba particularmente encantado por las historias del Jinete Sin Cabeza, que absorbía con avidez de los aldeanos.

Una noche, después de una reunión en la casa de Van Tassel, Ichabod se dirigió a casa en su caballo prestado, Gunpowder. El camino lo llevó a través del bosque, pasando por el temido cementerio. La noche era oscura y solo el ocasional ulular de un búho rompía el silencio. La mente de Ichabod corría con pensamientos sobre el Jinete mientras instaba a Gunpowder a acelerar el paso.

A medida que Ichabod se acercaba al puente cubierto, una sensación de terror lo invadió. De repente, oyó el sonido de cascos detrás de él. Al voltear la cabeza, vio a una figura imponente montada en un caballo. El jinete vestía un manto oscuro y donde debería estar su cabeza, no había más que un espacio vacío. En su mano, el jinete sostenía una calabaza iluminada.

Aterrorizado, Ichabod espoleó a Gunpowder en una carrera, apresurándose hacia el puente. El Jinete Sin Cabeza lo siguió de cerca y los cascos resonaban cada vez más fuerte. El corazón de Ichabod latía con fuerza mientras instaba al caballo a avanzar, esperando alcanzar la seguridad del puente.

Ichabod Crane, a schoolteacher from Connecticut, arrived in Sleepy Hollow one autumn to take up a teaching post. Tall and lanky, with a voracious appetite for both food and ghost stories, Ichabod quickly became part of the village life. He was particularly enchanted by the tales of the Headless Horseman, which he eagerly absorbed from the villagers.

One evening, after a gathering at the Van Tassel homestead, Ichabod set off for home on his borrowed horse, Gunpowder. The path led him through the woods, past the dreaded churchyard. The night was dark and only the occasional hoot of an owl broke the silence. Ichabod's mind raced with thoughts of the Horseman as he urged Gunpowder to quicken his pace.

As Ichabod approached the covered bridge, a sense of dread washed over him. Suddenly, he heard the sound of hoofbeats behind him. Turning his head, he saw a towering figure on horseback. The rider was dressed in a dark cloak, and where his head should have been, there was nothing but an empty space. In his hand, the rider held a glowing jack-o'-lantern.

Terrified, Ichabod spurred Gunpowder into a gallop, racing towards the bridge. The Headless Horseman followed close behind and the hoofbeats grew louder and louder. Ichabod's heart pounded as he urged the horse forward, hoping to reach the safety of the bridge.

Justo cuando Ichabod cruzó el puente, se volvió para ver al Jinete lanzar la calabaza hacia él. El proyectil impactó a Ichabod, derribándolo de su caballo y haciéndolo caer al suelo. Cuando los aldeanos encontraron a Gunpowder pastando cerca del sombrero abandonado de Ichabod a la mañana siguiente, no había rastro del maestro. Solo se encontraron los restos destrozados de una calabaza cerca del puente.

La misteriosa desaparición de Ichabod Crane añadió al mito del Jinete Sin Cabeza. Algunos dicen que Ichabod huyó de Sleepy Hollow, demasiado asustado para regresar. Otros creen que el Jinete lo atrapó, reclamando otra víctima en su búsqueda eterna por su cabeza perdida.

La historia del Jinete Sin Cabeza sigue acechando Sleepy Hollow. En noches oscuras y sin luna, los aldeanos afirman escuchar los ecos de los cascos espectrales resonando a través del bosque. El Jinete Sin Cabeza sigue montando, una figura condenada a buscar para siempre. La aldea permanece como un lugar donde el pasado y lo sobrenatural convergen, un recordatorio del delgado velo que separa a los vivos de los muertos.

Just as Ichabod crossed the bridge, he turned to see the Horseman hurl the jack-o'-lantern at him. The projectile struck Ichabod, knocking him off his horse and sending him tumbling to the ground. When the villagers found Gunpowder grazing near Ichabod's abandoned hat the next morning, there was no sign of the schoolteacher. Only the shattered remains of a pumpkin were found near the bridge.

The mysterious disappearance of Ichabod Crane added to the legend of the Headless Horseman. Some say Ichabod fled Sleepy Hollow, too frightened to ever return. Others believe the Horseman took him, claiming another victim in his eternal quest for his lost head.

The story of the Headless Horseman continues to haunt Sleepy Hollow. On dark, moonless nights, villagers claim to hear the ghostly hoofbeats echoing through the woods. The Headless Horseman rides on, a spectral figure doomed to search forever. The village remains a place where the past and the supernatural converge, a reminder of the thin veil that separates the living from the dead.

PIE GRANDE

En los profundos y sombríos bosques del noroeste del Pacífico, las historias de una criatura esquiva han cautivado la imaginación de generaciones. Conocido como Pie Grande, este ser misterioso se dice que vaga por los densos bosques, dejando solo vislumbres fugaces y huellas enigmáticas. Las historias de esta criatura, una figura masiva y peluda que se asemeja a un simio, han sido susurradas alrededor de las hogueras y compartidas en voces bajas, cada relato sumando al atractivo de la leyenda.

Pie Grande es descrito como un ser que mide más de siete pies de altura, con una construcción muscular y amplia, cubierto de pelaje oscuro y enmarañado. Sus ojos se reportan brillando en la oscuridad, lo que añade una sensación inquietante a aquellos que afirman haberlo visto. A pesar de su apariencia intimidante, hay pocos relatos de agresión. En cambio, Pie Grande es a menudo representado como una criatura tímida y reclusa, evitando el contacto humano y viviendo en armonía con el mundo natural.

Los avistamientos se han reportado durante siglos, con tribus nativas americanas que tienen sus propias versiones de la criatura mucho antes de la llegada de los colonos europeos. Estas tribus hablaban de Pie Grande como un guardián del bosque, un ser de gran sabiduría y fuerza que merecía respeto.

BIGFOOT

In the deep, shadowy forests of the Pacific Northwest, tales of an elusive creature have captured the imagination of generations. Known as Bigfoot, this mysterious being is said to roam the dense woods, leaving behind only fleeting glimpses and enigmatic footprints. Stories of this creature, a massive, hairy figure resembling an ape, have been whispered around campfires and exchanged in hushed tones, each account adding to the legend's allure.

Bigfoot is described as standing over seven feet tall, with a broad, muscular build covered in dark, shaggy hair. His eyes are reported to glow in the dark, giving an eerie feeling to those who claim to have seen him. Despite his intimidating appearance, there are few tales of aggression. Instead, Bigfoot is often depicted as a shy, reclusive creature, avoiding human contact and living in harmony with the natural world.

Sightings have been reported for centuries, with Native American tribes having their own versions of the creature long before European settlers arrived. These tribes spoke of Bigfoot as a guardian of the forest, a being of great wisdom and strength who commanded respect.

Una fresca mañana de otoño, el joven Alex y su padre Tom emprendieron su viaje anual de camping. El bosque estaba vivo con los colores del otoño, el aire fresco prometiendo aventura. Montaron su tienda cerca de un claro aislado, un lugar que Tom había descubierto años atrás. Este lugar, en lo profundo del bosque, estaba lejos de cualquier asentamiento humano y era perfecto para escapar de sus rutinas diarias.

Cuando cayó la noche, se sentaron junto a la hoguera, sus llamas parpadeantes proyectando largas sombras entre los árboles. Tom compartió historias de su infancia y relatos de los misterios y maravillas del bosque. Entre estas historias estaban los relatos de Pie Grande, la enorme criatura peluda que supuestamente caminaba por los bosques, dejando enormes huellas, pero nunca mostrándose por completo.

Las historias sobre Pie Grande despertaron la imaginación de Alex. Le resultaba difícil dormir esa noche, cada susurro de las hojas y cada crujido de ramas afuera hacían que su corazón se acelerara. La agotadora noche lo venció y finalmente se quedó dormido.

Horas más tarde, Alex despertó por un extraño sonido. Era un gruñido bajo y gutural, algo que nunca había escuchado antes. Se sentó, su corazón latiendo con fuerza, y escuchó atentamente. El sonido se repitió, más cerca esta vez. Se giró y sacudió a su padre para despertarlo.

One crisp autumn morning, young Alex and his father, Tom, embarked on their annual camping trip. The forest was alive with the colors of fall, the air crisp with the promise of adventure. They pitched their tent near a secluded clearing, a place Tom had discovered years ago. This spot, deep within the forest, was far from any human habitation and perfect for an escape from their daily routines.

As night fell, they sat by the campfire, its flickering flames casting long shadows among the trees. Tom shared stories from his childhood and tales of the forest's mysteries and wonders. Among these tales were accounts of Bigfoot, the giant, hairy creature that supposedly walked the woods, leaving massive footprints but never showing himself fully.

The stories of Bigfoot sparked Alex's imagination. He found it hard to sleep that night, each rustle of leaves and snap of twigs outside making his heart race. Exhaustion eventually overcame him, and he drifted into a fitful sleep.

Hours later, Alex awoke to a strange sound. It was a low, guttural growl, unlike anything he had ever heard. He sat up, his heart pounding, and listened intently. The sound came again, closer this time. He turned over and shook his father awake.

Tom, ahora alerta, tomó una linterna y desabrochó la tienda con precaución. Afuera, iluminó el área alrededor del claro. El haz de luz atravesó la oscuridad, revelando solo árboles y sombras. Tom hizo señas a Alex para que se quedara donde estaba y dio algunos pasos lejos de la tienda, escaneando el área. Alex observaba a su padre ansiosamente desde la entrada de la tienda.

De repente, el haz de la linterna captó un atisbo de algo grande y peludo moviéndose entre los árboles. Tom se congeló, la respiración contenida. La criatura se dio la vuelta y sus ojos se encontraron por un breve momento. Se erguía sobre dos patas, sobresaliendo sobre la maleza, antes de desaparecer silenciosamente en el bosque.

Tom regresó a la tienda con el rostro pálido. Hizo señas a Alex de que probablemente acababan de ver a Pie Grande. El resto de la noche transcurrió en un tenso silencio, ambos demasiado alerta para dormir. Cuando amaneció, recogieron su campamento y regresaron a casa.

De vuelta en la ciudad, compartieron su experiencia, pero muchos fueron escépticos. Sin embargo, Alex y Tom sabían lo que habían visto. El encuentro dejó una marca indeleble en ellos, un recordatorio de los misterios que aún persisten en el mundo.

Hasta el día de hoy, Alex cuenta la historia de su encuentro con Pie Grande, la enigmática criatura que continúa acechando los bosques de América del Norte. La leyenda de Pie Grande vive y aún despierta asombro y curiosidad sobre los lugares salvajes donde la criatura podría vagar.

Tom, now alert, grabbed a flashlight and unzipped the tent cautiously. Outside, he shone the light around the clearing. The beam of light cut through the darkness, revealing nothing but trees and shadows. Tom gestured for Alex to stay put and took a few steps away from the tent, scanning the area. Alex watched his father anxiously from the tent entrance.

The flashlight's beam suddenly caught a glimpse of something large and hairy moving among the trees. Tom froze, his breath catching. The creature turned around and their eyes met for a brief moment. It stood on two legs, towering above the underbrush, before disappearing silently into the forest.

Tom returned with a pale face to the tent. He signaled to Alex that they had likely just seen Bigfoot. The rest of the night passed in a tense silence, both of them too alert to sleep. As dawn broke, they packed up their campsite and made their way back home.

Back in town, they shared their experience, but many were skeptical. Yet, Alex and Tom knew what they had seen. The encounter left an indelible mark on them, a reminder of the mysteries that still linger in the world.

To this day, Alex recounts the story of their encounter with Bigfoot, the enigmatic creature that continues to haunt the forests of North America. The tale of Bigfoot lives on and still arouses wonder and curiosity about the wild places where the creature may roam.

Other books in the series:

Legends from Latin America and Germany by David del Mar in **Spanish and German.**

Legends from Italy and Germany by Davide del Mare in **Italian and German.**

Legends from the United States and Germany by David Ocean in **English and German.**

Si te ha gustado este libro, me encantaría que dejaras una reseña. Puedes hacerlo en menos de 2 minutos en la página del producto. Tu opinión es importante y ayuda a otros lectores a encontrar este libro – ¡gracias!

If you liked this book, I would be very happy if you could leave a review. You can do this in under 2 minutes on the product page. Your opinion is important and helps other readers to find this book – thank you!

Si tienes alguna pregunta o comentario, no dudes en ponerte en contacto conmigo:

If you have any questions or comments, please do not hesitate to contact me:

dopapublishing@gmail.com

Made in the USA
Las Vegas, NV
11 December 2024